CIP-Titelaufnahme der Deutschen Bibliothek

**Tanz, Tanja, tanz** / Ill. von Satomi Ichikawa. Text von Patricia
Lee Gauch. Dt. von Angelika Eisold-Viebig. - 1. Aufl. -
Erlangen : Boje-Verl., 1991
ISBN 3-414-81775-6

Erste Auflage 1991
Alle deutschsprachigen Rechte: Boje Verlag GmbH, Erlangen 1991
© für die deutsche Übersetzung: Boje Verlag GmbH, Erlangen 1991
Titel der Originalausgabe: Dance, Tanya
Erschienen bei Philomel Books / The Putnam & Grosset Group, New York, 1989
© Text: Patricia Lee Gauch
© Bild: Satomi Ichikawa
Übersetzung: Angelika Eisold-Viebig
Satz: Pestalozzi-Verlag, Erlangen
Druck: Pestalozzi-Verlag, Erlangen

Printed in Germany

ISBN 3-414-81775-6

# Tanz, Tanja, tanz

Illustrationen von Satomi Ichikawa
Text von Patricia Lee Gauch

Deutsch von Angelika Eisold-Viebig

Boje Verlag Erlangen

*Für Claudine und Anne,*
*die so gern tanzen.*

Die kleine Tanja tanzte für ihr Leben gern.

Sobald ihre ältere Schwester Elise das Trikot und die Ballettschuhe anzog, um zu üben, schlüpfte auch Tanja in ein besonderes Hemd, zog die Schuhe aus und übte mit.

Wenn Elise die Positionen übte — die erste, zweite, vierte und fünfte —, machte Tanja es ihr nach.

Wenn Elise ein tadelloses *plié* schaffte, dann
schaffte Tanja das auch.

Und wenn Elise die *pirouette* und die *arabesque* übte, tat Tanja dasselbe. Die *arabesque* gefiel Tanja am besten.

Manchmal tanzte Tanja auch für sich allein,

oder sie tanzte ein *pas de deux* mit ihrer Ballett-Bärin Barbara.

Wann immer die Mutter den „Schwanensee"
auflegte und Elise ein ganzes Lied lang *arabesques*
und *jetés* quer durch das Wohnzimmer tanzte,
zog auch Tanja ihr *tutu* an und tanzte *arabesques*
und *jetés* quer durchs Zimmer. Tanja war ein
wundervoller trauriger Schwan.

Doch sooft Elise zur Ballettstunde ging und Tanja mitwollte, sagte die Mutter: „Du bist noch zu klein, Tanjette. Wenn du ein bißchen größer bist..."

Manchmal durfte Tanja mitkommen, doch nur,
um durch die große Glasscheibe zuzusehen, wie
Elise und all die anderen dort ihre *arabesques* und
*jetés* tanzten.

Eines Tages im Frühling, als die Blumen zu
blühen begannen, machte sich Elise für eine
besondere Tanzvorführung bereit.

Sie zog ihr neues *tutu* an, das Spitzen wie Blütenblätter hatte,
durfte ausnahmsweise rosa Lippenstift auflegen und bekam auf
jede Wange einen Hauch Rouge. Das Haar frisierte ihr die Mutter
zu einem schönen Kränzchen.

Alle kamen, um Elise tanzen zu sehen: Großmutter und Großvater, die weit draußen auf dem Land wohnten, Tante Rosie, die immer einen Hut trug, und Onkel Max, der nie lachte.

Und Tanja kam natürlich und versuchte, über den Mann mit dem Hut hinwegzuschauen, der genau vor ihr saß. Wenn Tanja sich hinkniete, konnte sie sehen, daß Elise eine wunderschöne Blume war und ihre *arabesques* und *pliés* ganz richtig machte.

Tanja fand das alles sehr aufregend, aber auch
anstrengend.

„Ihr habt eine Tänzerin in der Familie", flüsterte
Tante Rosie, als die ganze Familie den großen
Saal verließ. Tanja hörte nichts, denn sie schlief
ganz fest auf dem Arm ihrer Mutter.

Zu Hause tranken alle Kaffee, lachten und sagten,
was für eine gute Tänzerin Elise sei. Jemand legte
den „Schwanensee" auf, und Tanja wurde wach.

Als niemand auf sie achtete, zog Tanja ihr *tutu* an,
nahm ihren Schal und tanzte. Ganz für sich allein.

Die Musik spielte so verlockend, daß sie ein *plié*, eine *arabesque* und fünf *grands jetés* geradewegs ins Wohnzimmer hineintanzte.

„Tanz, Tanja", rief Elise, und die Mutter hielt den Atem an. Großmutter schaute über ihre Brille. „Du hast zwei Tänzerinnen in der Familie", sagte sie. Jeder im Zimmer klatschte. Auch Elise.

Tanja war so ein wundervoller trauriger Schwan!

„Verbeug dich, meine Tanjette", sagte die Mutter,
und Tanja verbeugte sich.

Dann krabbelte sie zurück auf den Schoß ihrer
Mutter und schlief wie ein müdes Kätzchen
sofort wieder ein.

Aber ihre Mutter vergaß es nicht. An Weihnachten entdeckte Tanja ein besonders schön verpacktes Päckchen für sich unter dem Baum. Darin fand sie eine glänzende Tasche, ein richtiges Trikot und Ballettschuhe genau in ihrer Größe.

„Komm her, Tanjette", rief nun die Mutter, wenn
es Zeit für die Ballettstunde war. „Vergiß deine
Tasche nicht", sagte Elise, und Tanja wußte, daß
sie jetzt nicht mehr zu klein war.